Nadine Neumann

Der Mal- und Farbenführerschein

Persen Verlag

Die Autorin

Nadine Neumann studierte an der Universität Wuppertal das Lehramt Primarstufe mit den Fächern Kunst, Deutsch, Mathematik, Sachunterricht sowie Englisch. Sie unterrichtet als Fach- und Klassenlehrerin an einer Grundschule in Köln. In ihrer Freizeit stellt sie ihre Werke zu verschiedenen Themen auch gemeinsam mit anderen Künstlerinnen und Künstlern aus.

Hinweis

Die beiliegenden Führerscheine können Sie als Klassensatz unter der ISBN 978-3-8344-23438-8 nachbestellen.

Gedruckt auf umweltbewusst gefertigtem, chlorfrei gebleichtem und alterungsbeständigem Papier.

1. Auflage 2014
© Persen Verlag, Hamburg
AAP Lehrerfachverlage GmbH
Alle Rechte vorbehalten.

Das Werk als Ganzes sowie in seinen Teilen unterliegt dem deutschen Urheberrecht. Der Erwerber des Werkes ist berechtigt, das Werk als Ganzes oder in seinen Teilen für den eigenen Gebrauch und den Einsatz im Unterricht zu nutzen. Die Nutzung ist nur für den genannten Zweck gestattet, nicht jedoch für einen weiteren kommerziellen Gebrauch, für die Weiterleitung an Dritte oder für die Veröffentlichung im Internet oder in Intranets. Eine über den genannten Zweck hinausgehende Nutzung bedarf in jedem Fall der vorherigen schriftlichen Zustimmung des Verlages.

Sind Internetadressen in diesem Werk angegeben, wurden diese vom Verlag sorgfältig geprüft. Da wir auf die externen Seiten weder inhaltliche noch gestalterische Einflussmöglichkeiten haben, können wir nicht garantieren, dass die Inhalte zu einem späteren Zeitpunkt noch dieselben sind wie zum Zeitpunkt der Drucklegung. Der Persen Verlag übernimmt deshalb keine Gewähr für die Aktualität und den Inhalt dieser Internetseiten oder solcher, die mit ihnen verlinkt sind, und schließt jegliche Haftung aus.

Grafik: Anke Fröhlich sowie Wibke Brandes (Herz, Sonne), Marion El-Khalafawi (Piktogramm Stift, Blatt), Julia Flasche (Banane, Buntstifte, Elefant, Federtasche, Hund, Klebstift, Lineal, Maler, Paprika, Radiergummi, Rahmen mit Stift), Fides Friedeberg (Zitrone), Barbara Gerth (Blumen), Melanie Groger (Blumenrahmen), Theresia Koppers (Bilderrahmen, Käse), Elisabeth Lottermoser (Leporello), Achim Schulte (Spiegel), Oliver Wetterauer (Pfeil), Astrid Wilkesmann (Piktogramm Stift, Anspitzer)

Satz: Satzpunkt Ursula Ewert GmbH, Bayreuth

ISBN 978-3-403-23437-1

www.persen.de

Inhaltsverzeichnis

Einleitung 4

Das Bronze-Training

Training 1: Einführung Buntstifte 5
Training 2: Mein Mäppchen 7
Training 3: Formen gestalten 8
Training 4: Einfache Muster fortsetzen 9
Training 5: Patchwork-Decke 10
Training 6: Buchstaben gestalten 11
Training 7: Einführung Wachsmalkreiden 13
Training 8: Einführung Pinsel und Co. 14
Training 9: Erster Farbauftrag 15
Training 10: Farbkasten kennenlernen 16
Training 11: Lieblingsfarben-Leporello 17
Training 12: Aladins Teppich 18
Bronze-Prüfung 19

Das Silber-Training

Training 1: Das bin ich! 21
Training 2: Modedesigner 22
Training 3: Ein Stift – zwei Farbtöne 23
Training 4: Fische im Wasser 24
Training 5: Farben mischen 25
Training 6: Die Mathematik der Farben 26
Training 7: Farbkreise 27
Training 8: Grüntöne mischen 28
Training 9: Waldlandschaft mit Grüntönen malen 29
Training 10: Gelb, Gelb, Gelb (Gelbtöne mischen) 30
Training 11: Mit Deckweiß mischen 31
Training 12: Pastelltöne mischen 32
Training 13: Blasse und kräftige Blüten malen 33
Training 14: Warme und kalte Farben 35
Training 15: Farbfamilien 37
Training 16: Körperfarben mit Wasserfarben mischen 38
Training 17: Selbstporträt mit Wasserfarben malen 39
Silber-Prüfung 40

Das Gold-Training

Training 1: Farbwirkung mit Buntstiften 42
Training 2: Farbwirkung mit Wachsmalkreiden 43
Training 3: Entfremdung mit Buntstiften 44
Training 4: Entfremdung mit Wasserfarben 45
Training 5: Einführung Collage 46
Training 6: Collage zur Lieblingsfarbe 47
Training 7: Frottage – Oberflächenstrukturen erforschen 48
Training 8: Bilder im Frottage-Verfahren 50
Training 9: Kratztechnik mit Wachsmalkreiden 51
Gold-Prüfung 53

Anhang

Übersichten: Bronze-, Silber-, Gold-Training 55
Lösungen 61
Kreise zum Üben des Farbauftrags 62

Einleitung

Wasserfarben, Buntstifte, Wachsmalkreiden ... und das gleich 20 bis 30 Mal in einer einzigen Klasse mit Grundschülern. Das wirft viele Fragen auf, erst recht, wenn man das Fach Kunst selbst nicht studiert hat: Wie führe ich den Farbkasten im Kunstunterricht ein? Welches sind die wichtigsten Schritte beim Farbauftrag und beim Mischen von Farben? Worauf muss ich bei der Stift- und Pinselhaltung achten? Welche Techniken gibt es?

Warum ein Mal- und Farben-Führerschein für die Grundschule?

Beim Fahrrad-Führerschein werden die grundlegenden Regeln, Kenntnisse und Fertigkeiten für den Straßenverkehr vermittelt. Auch der Mal- und Farben-Führerschein soll Grundlagen schaffen, die für jedes weitere Gestalten im künstlerischen Bereich notwendig sind. Der richtige und sichere Umgang mit Farben und Stiften ist wiederum wichtig, damit zukünftige Gestaltungsaufgaben auch gelingen und zu ansprechenden Ergebnissen führen können.

Der Mal- und Farben-Führerschein ist in die Kapitel Bronze, Silber und Gold eingeteilt. Die Vorlagen können komplett kopiert und als Schülermaterial eingesetzt werden. Die Seiten, die möglichst vergrößert werden sollten, sind mit DIN A3 gekennzeichnet. Sinnvoll ist auch, die *So-geht-es*-Seiten zu vergrößern, in der Klasse als Plakat aufzuhängen und gemeinsam zu besprechen. Anschließend können die Kinder den Farbauftrag am Platz üben. Die dafür benötigten Kreise befinden sich im Anhang. Diese Kreise können aber auch zur Differenzierung eingesetzt werden, je nachdem, wie viele Kreise die Kinder zum Üben benötigen, sich bei einer Aufgabe vermalen oder weitere eigene Ideen haben.

1. Im **Bronze-Training** lernen die Schülerinnen und Schüler ihre Werkzeuge und Materialien des Gestaltens erst einmal kennen und werden mit ihnen vertraut. Sie lernen, welche Gegenstände sie an ihrem Arbeitsplatz benötigen und wie sie diese einsetzen. Dazu zählen der einfache Einsatz von Buntstiften und Wachsmalstiften sowie die Einführung von Pinsel, Wasserbecher und Farbkasten. Der Abschluss des Bronze-Trainings ist die Anfertigung eines „Künstler-Portfolios", also einer Sammelmappe (im DIN-A3-Format), in der alle Arbeiten gesammelt werden. Die Mappe sollte ein möglichst einfaches Design (z. B. unifarben) haben, da die Gestaltung des Deckblatts, und somit auch der Mappe, Aufgabe des Kindes ist.

2. Beim **Silber-Training** wird der Umgang mit den im Bronze-Training kennengelernten Werkzeugen und Materialien vertieft und erweitert. So lernen die Schülerinnen und Schüler das Mischen und Kombinieren von Farben. Sie lernen erste Techniken des Gestaltens kennen und setzen sich mit Aspekten von Farbe auseinander, indem sie Aufgaben zu Farbwirkungen (z. B. warme und kalte Farben) bearbeiten. Den Abschluss des Silber-Trainings bildet das „Künstler-Interview". Dies ist ein Fragebogen zu verschiedenen Themen und Aufgaben des Kapitels.

3. Im **Gold-Training** sollen die Schülerinnen und Schüler lernen, nun bekannte Wirkungen von Farben zu erkennen und zu beschreiben. Bekannte Techniken sollen dabei gezielt eingesetzt und neue, weiterführende Techniken (wie Collage und Frottage) erlernt werden. Die Gold-Prüfung besteht darin, eine „Kunstausstellung mit Vernissage" vorzubereiten und durchzuführen. Dazu wählt jedes Kind drei seiner Arbeiten aus, stellt sie im Klassenraum aus und präsentiert diese. Ob die Werke einer Kleingruppe, der Klasse und/ oder Ihnen präsentiert werden, entscheiden Sie je nach Klassensituation und wie es am besten in Ihre Unterrichtsplanung passt und besprechen es mit den Kindern bzw. kreuzen es auf dem Gold-Prüfungsblatt an.

Benötigt werden:
- Buntstifte, Wachsmalstifte mit Kratzer (alternativ: Schaschlik-Stäbchen), Pinsel, Farbkasten mit Deckweiß, Wasserbecher, (Lappen), Schere, Klebstoff, Bleistift, Anspitzer, (Radiergummi), Lineal, DIN-A3-Sammelmappe, 1 Schnellhefter für die Aufgaben
- (Hand-) Spiegel für das Selbstporträt (Silber)
- alte Prospekte, Zeitschriften, Kataloge etc. für die Collage und Gegenstände mit Oberflächenstruktur wie Geldstücke, Blätter, Wellpappe, ... für die Frottage (Gold)

Viel Freude und Erfolg mit dem Mal- und Farben-Führerschein wünscht Ihnen und den Kindern

Nadine Neumann

Training 1: Einführung Buntstifte

Du brauchst:

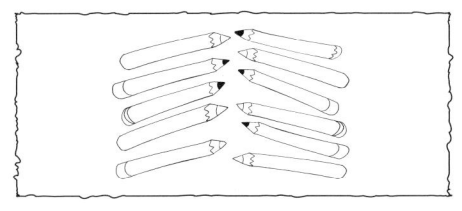

Buntstifte

Anspitzer

So geht es:

① Achte darauf, dass deine Buntstifte immer angespitzt sind!

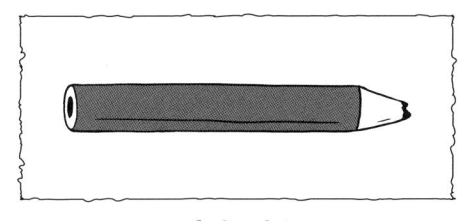

falsch

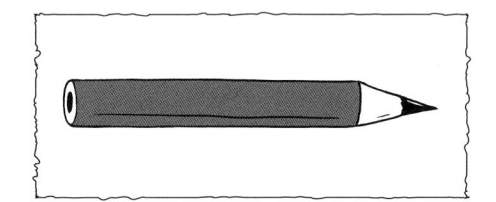

richtig

② Achte auf die richtige Stifthaltung!

falsch

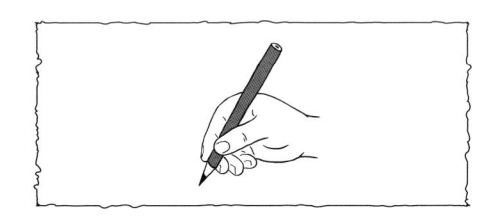

richtig

③ Achte darauf, dass beim Ausmalen keine weißen Stellen mehr zu sehen sind!

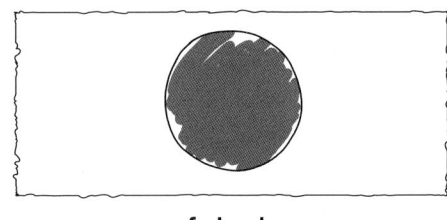

falsch

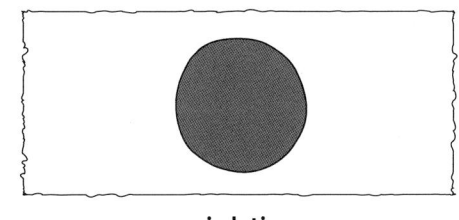

richtig

④ Beachte die Außenlinie!

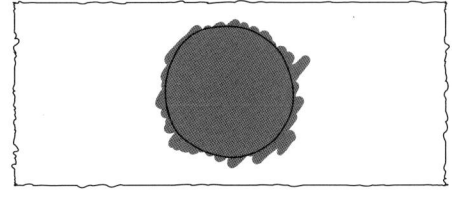

falsch

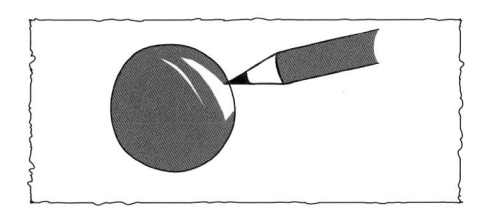

richtig

Training 1: Einführung Buntstifte

① Male aus.

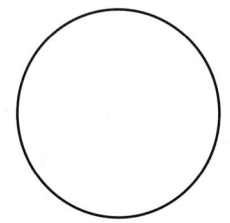

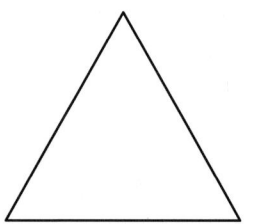

② Welche Buntstifte sind in deinem Mäppchen?
   Male aus.

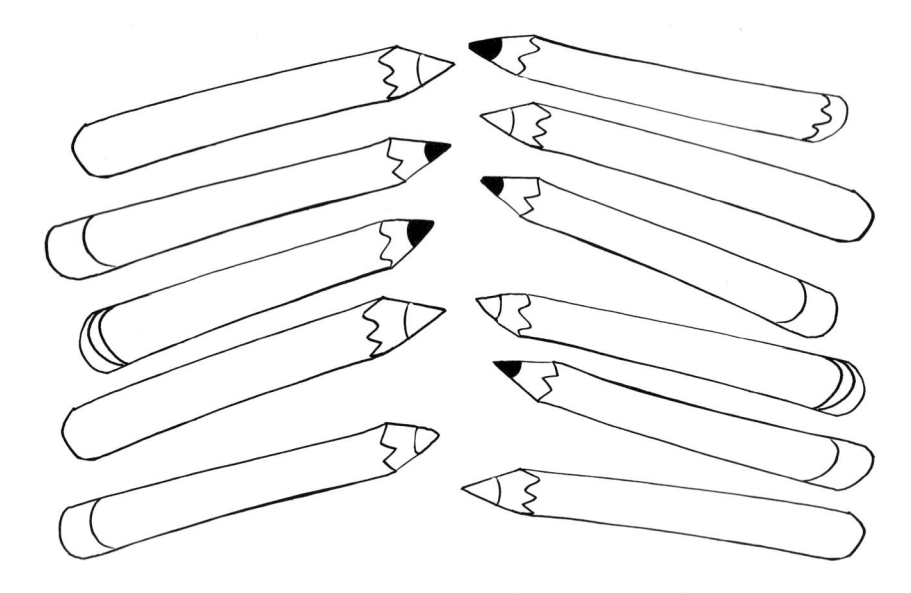

③ Gibt es weitere Buntstifte in deinem Mäppchen?
   Zeichne sie mit einem Bleistift in den Rahmen.
   Male sie in ihren wirklichen Farben aus.

Schneide den Rahmen aus und lege ihn in deine Sammelmappe.

Training 2: Mein Mäppchen

① Schau in dein Mäppchen.
Welche Farben haben diese Gegenstände?
Male sie an.

Mein Lineal ist _____.

Mein Radiergummi ist _____.

Mein Mäppchen ist _____.

Meine Schere ist _____.

Mein Klebestift ist _____.

② Welche Gegenstände gibt es noch in deinem Mäppchen?
Zeichne sie in den Rahmen.
Male sie mit Buntstiften in den wirklichen Farben aus.

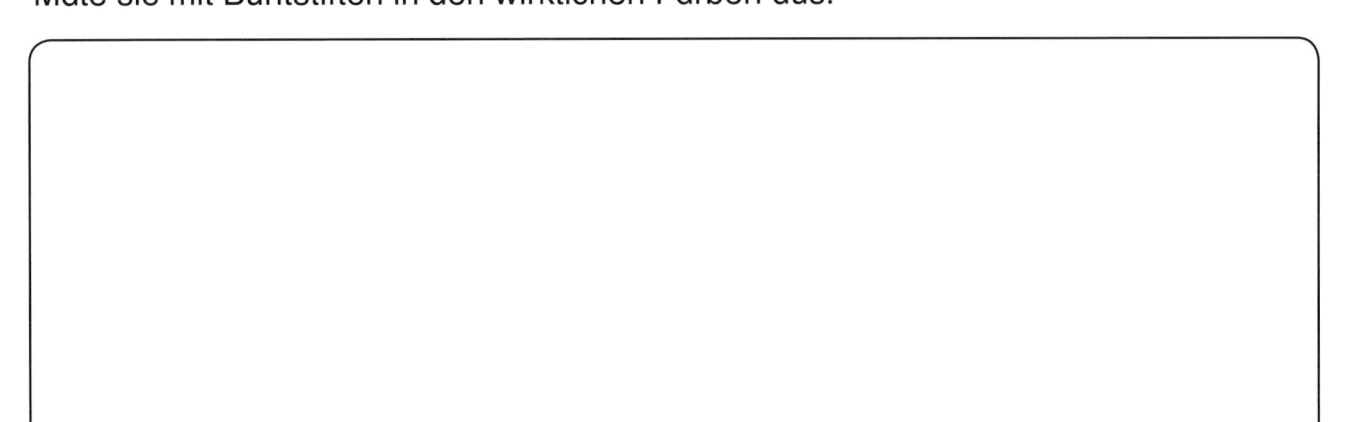

Schneide den Rahmen aus und lege ihn in deine Sammelmappe.

Training 3: Formen gestalten

① Male aus.

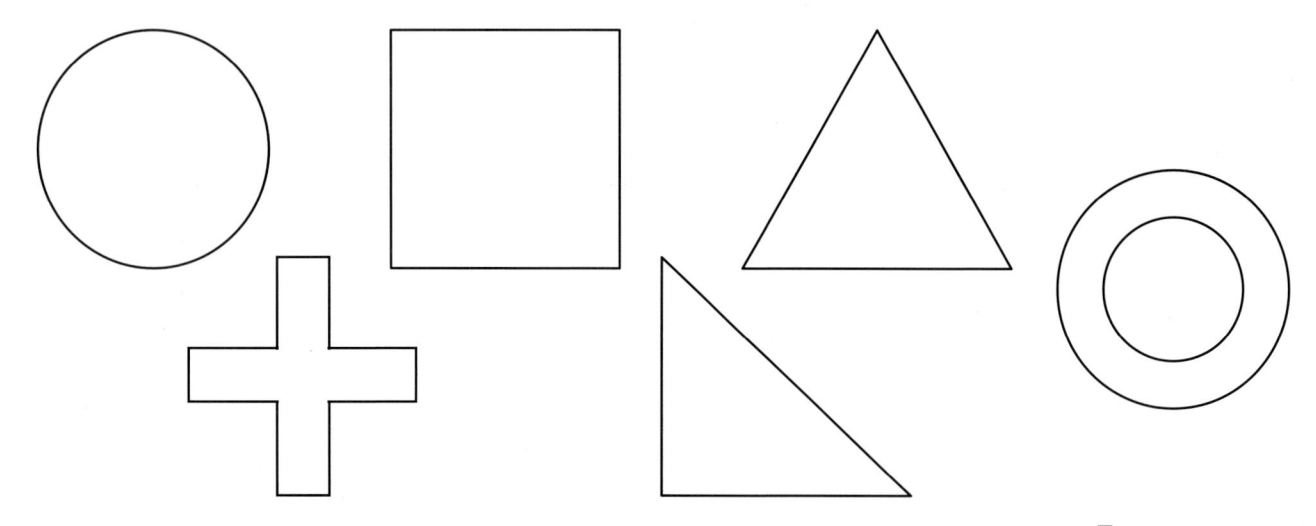

② Schneide die Formen aus.

③ Lege sie im Rahmen zu einer Fantasie-Figur und klebe sie auf.

Schneide den Rahmen aus und lege ihn in deine Sammelmappe.

Training 4: Einfache Muster fortsetzen

① Setze die Muster mit einem schwarzen Buntstift fort.

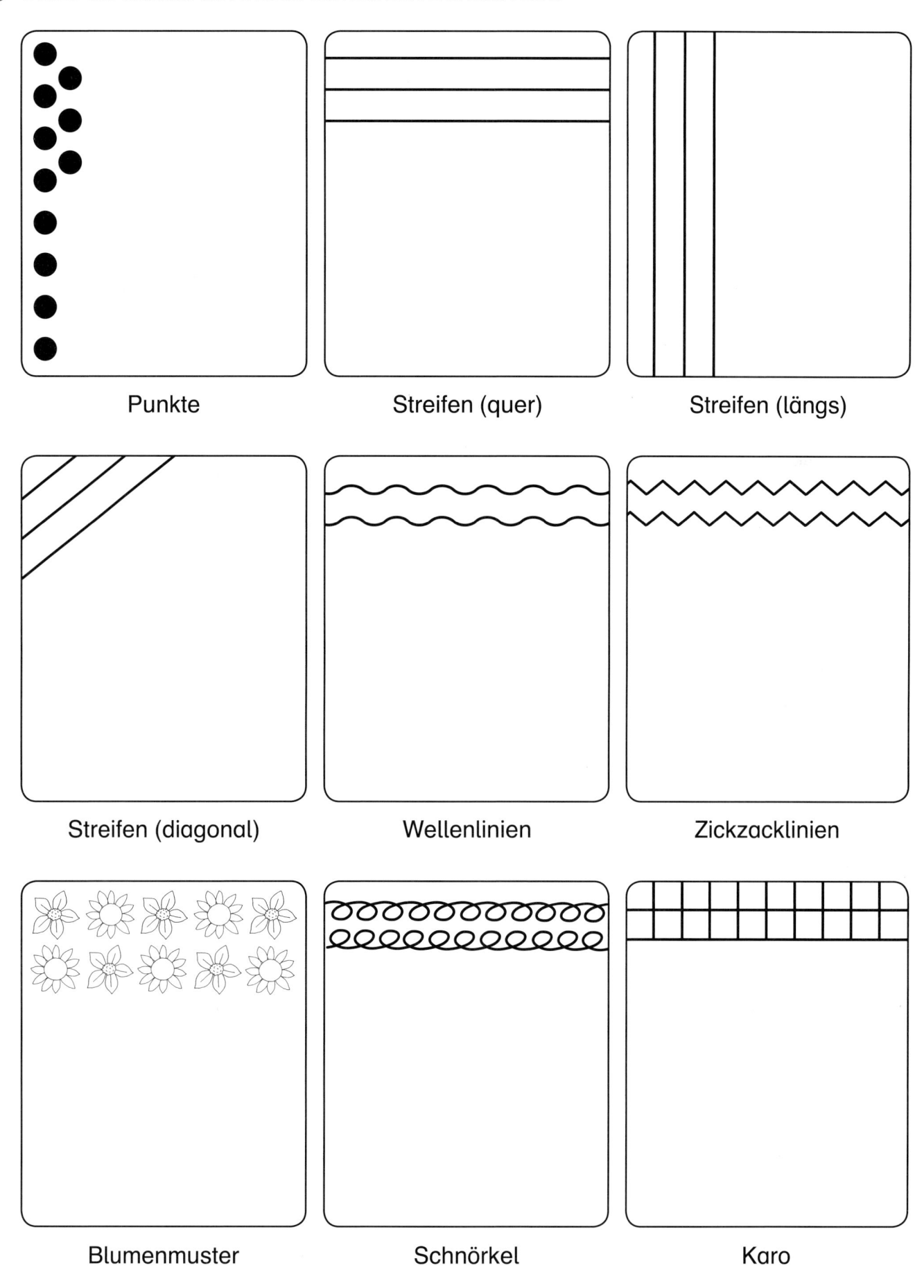

Punkte	Streifen (quer)	Streifen (längs)

Streifen (diagonal)	Wellenlinien	Zickzacklinien

Blumenmuster	Schnörkel	Karo

Training 5: Patchwork-Decke

Diese Decke besteht aus vielen verschiedenen Stoffen.
Jeder Flicken hat andere Farben und ein anderes Muster.

① Gestalte jedes Kästchen anders mit deinen Buntstiften.

Zum Beispiel:
gelb mit roten Punkten
grün und blau gestreift
orange und gelb kariert
…

Schneide die Decke aus und lege sie in deine Sammelmappe.

Training 6: Buchstaben gestalten

① Male die Buchstaben mit deinen Buntstiften aus.

A B C D E
F G H I J
K L M N
O P Q R
S T U V
W X Y Z

Training 6: Buchstaben gestalten

Welche Wörter kennst du schon?

① Schneide die Buchstaben aus.
Lege damit Wörter in den Rahmen und klebe sie auf.

② Schmücke die Buchstaben.
(zum Beispiel mit **Mustern aus Training 4 und 5**)

Schneide den Rahmen aus und lege ihn in deine Sammelmappe.

Training 7: Einführung Wachsmalkreiden

Wachsmalkreiden haben eine große Leuchtkraft. Das heißt, ihre Farben sind besonders kräftig und leuchtend.

① Male diese Bilder mit deinen Wachsmalkreiden sorgfältig aus. Beachte die **So-geht-es-Tipps!**

Wachsmalkreiden leuchten besonders stark auf einem dunklen Untergrund.

② Male mit einer gelben und einer orangenen Wachsmalkreide eine Sonne auf das graue Feld.

Schneide das schwarze Feld aus und lege es in deine Sammelmappe.

Training 8: Einführung Pinsel und Co.

Du brauchst:

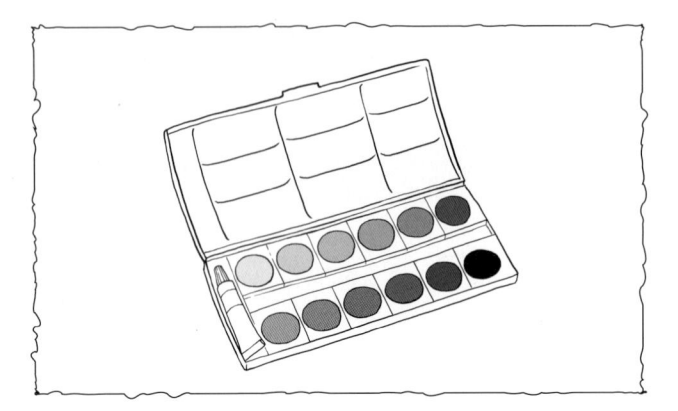

Farbkasten mit Deckweiß

Wasserbecher (halbvoll)

Es gibt verschiedene Pinselsorten, zum Beispiel:

Borstenpinsel

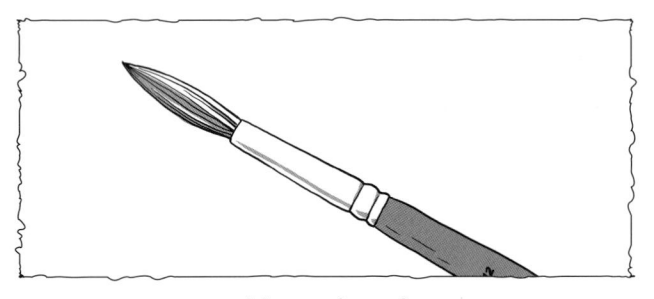

Haarpinsel

Halte deinen Pinsel so:

Für Profis: Die Breite des Pinsels wird durch eine Nummer gekennzeichnet. Je größer die Zahl ist, umso breiter ist der Pinsel.

Meine Pinsel haben die Nummern: _____

Training 9: Erster Farbauftrag

So geht es:

① Tauche die Haare deines Pinsels in das Wasser.

② Streiche ein wenig Wasser am Becherrand ab.

③ Rühre mit deinem Pinsel die gelbe Farbe an, bis sie schäumt.
(**Tipp**: Zähle! Kreise mindestens zehnmal in der gelben Farbe!)

④ Trage die gelbe Farbe hier auf:

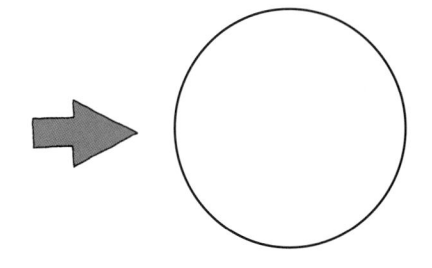

⑤ Wasche deinen Pinsel im Wasserbecher aus.

⑥ Mache das Gleiche mit **blau**. Beachte alle Schritte!

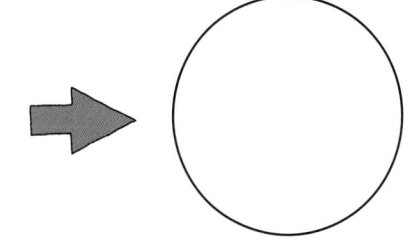

Training 10: Farbkasten kennenlernen (DIN A3)

① Trage die Farben aus deinem Farbkasten auf.
Beachte dabei immer alle **So-geht-es-Tipps**!

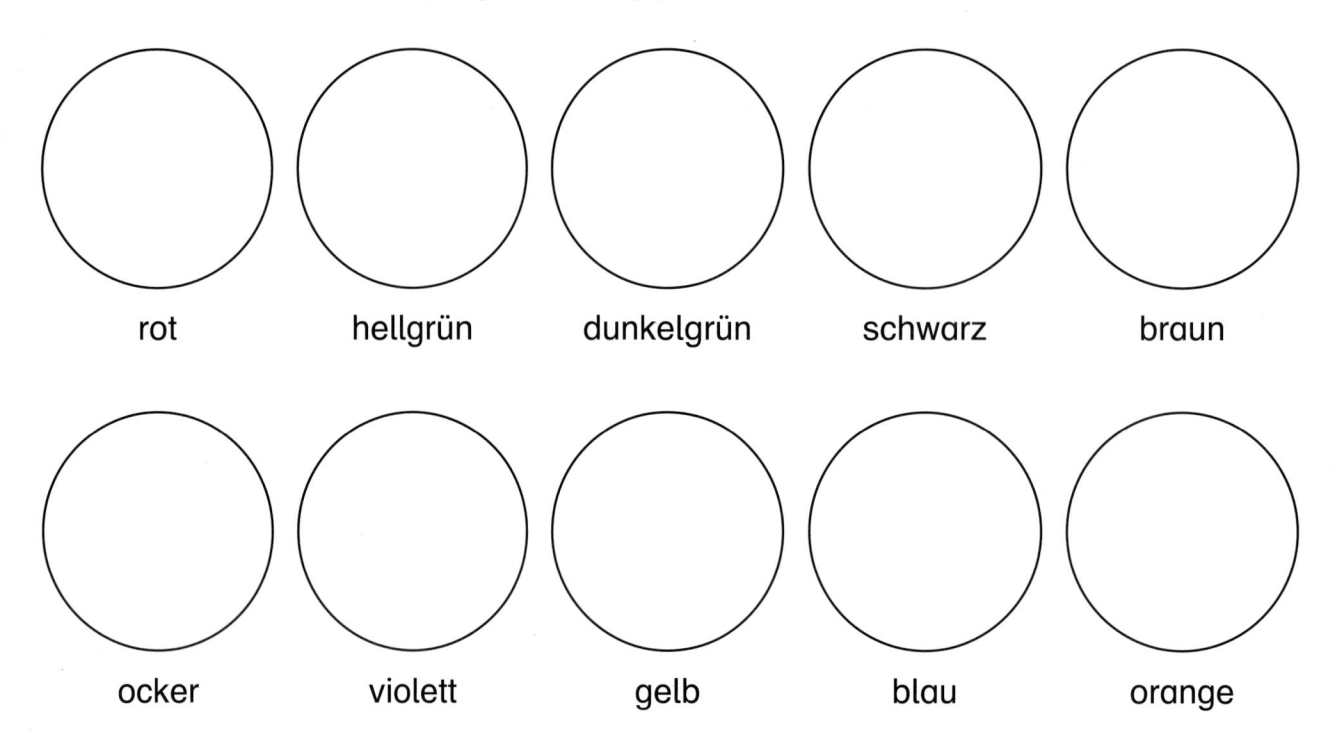

○	○	○	○	○
rot	hellgrün	dunkelgrün	schwarz	braun
○	○	○	○	○
ocker	violett	gelb	blau	orange

② Gibt es weitere Farben in deinem Farbkasten? Welche?

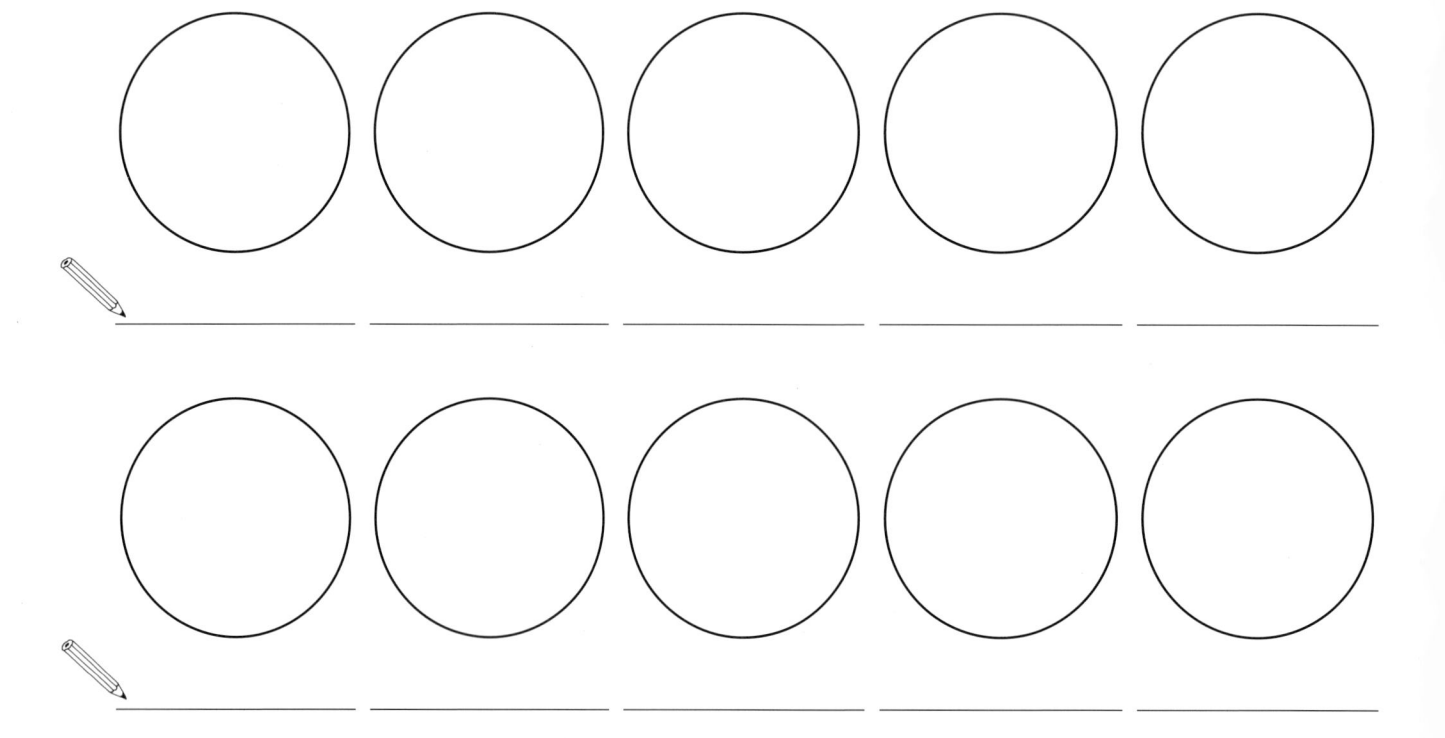

Am besten gefallen mir die Farben:

Training 11: Lieblingsfarben-Leporello (DIN A3)

① Male jedes Kästchen mit einer anderen Farbe aus, die dir gut gefällt.

				Klebefläche
Meine Lieblingsfarben				

(Leporello-Vorlage mit 3 Reihen à 4 Kästchen und Klebeflächen am rechten Rand)

② Räume deinen Arbeitsplatz auf, während die Farben trocknen.

③ Schneide dein Leporello aus.

④ Klebe die Streifen an den Klebeflächen aneinander.

⑤ Falte dein Leporello so:

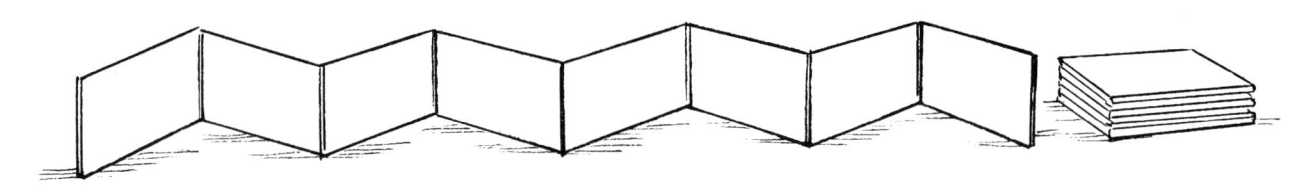

Lege es in deine Sammelmappe.

Training 12: Aladins Teppich (DIN A3)

Das ist Aladin.

Aladin hat einen bunten Teppich.

Male mich aus!

① Male den Teppich mit Wasserfarben an.
Jeder Streifen soll eine andere Farbe bekommen.

> **Tipp:** Achte darauf, dass du die schmalen Streifen mit einem dünnen Pinsel und die dicken Streifen mit einem breiten Pinsel ausmalst. (**Training 8**)
> Denke an alle **So-geht-es-Tipps**.

② Räume deinen Arbeitsplatz auf, während die Farben trocknen.

Schneide den Teppich aus und lege ihn in deine Sammelmappe.

Bronze-Prüfung

Eine Mappe, in der ein Künstler seine Arbeiten sammelt, nennt man auch

„Künstler-Portfolio"

Gestalte auch deine Sammelmappe als Künstler-Portfolio:

① Kontrolliere, ob in deiner Sammelmappe alle Arbeiten vollständig sind.

② Gestalte das Deckblatt.
Benutze Buntstifte, Wachsmalkreiden oder Wasserfarben.

③ Klebe das Deckblatt vorne auf deine Sammelmappe.

DIN A3

Mein Künstler-Portfolio

Name: _____

Training 1: Das bin ich!

① Betrachte dich im Spiegel.
Welche **Körperteile** und **Kleidungsstücke** siehst du?
Welche **Farben** haben sie?
Wie sieht dein **Gesicht** aus?
Welche **Haarfarbe** hast du? Und welche **Frisur**?
Gibt es **besondere Merkmale**, an denen man dich erkennt?

*Ein Bild, das man von sich selbst malt, nennt man auch **Selbstporträt**.*

② Zeichne dich selbst mit Buntstiften möglichst genau in die Rahmen. (**Selbstporträt**)
Achte darauf, dass du alles mit den wirklichen Farben ausmalst.

③ Male auch den Hintergrund und den Rahmen sorgfältig aus.

Schneide die Bilder an der gestrichelten Linie ab und lege sie in deine Sammelmappe.

Das bin ich von Kopf bis Fuß:

Das ist mein Gesicht:

Das bin ich mit meiner Familie:

Das bin ich mit meinen Freunden:

Training 2: Modedesigner

① Male die Kleidung in deinen Lieblingsfarben an.
   Du kannst auch Muster aus dem Bronze-Training verwenden.

② Schneide die Kleidungsstücke und die Menschen aus.
   Klebe die Kleidungsstücke auf die Menschen.

③ Gestalte Gesicht, Hals, Hände und Füße.
   Tipp: Achte darauf, dass keine weißen Stellen mehr zu sehen sind.

Lege die beiden fertigen Menschen in deine Sammelmappe.

Training 3: Ein Stift – zwei Farbtöne

Wenn du mit dem Buntstift nur leicht über das Papier fährst, erhältst du einen blassen Farbton. (Pastellton)

Du kannst deinen Stift dazu auch leicht schräg halten.

① Male die Blüten in blassen Tönen an.

Bei etwas mehr Druck erhältst du einen kräftigen Farbton.

Achte darauf, dass du nicht zu fest aufdrückst.

② Male diese Blüten in kräftigen Farbtönen aus.

Tipp: Achte bei allen Blüten darauf, dass sie sorgfältig und vollständig ausgemalt sind.

Training 4: Fische im Wasser (DIN A3)

① Male das Aquarium mit blauer Wasserfarbe aus.

② Schneide das Blatt an der gestrichelten Linie ab und lege es zum Trocknen.

③ Male die Fische mit hellen, leuchtenden Wachsmalkreiden aus.

④ Schneide die Fische sorgfältig aus und klebe sie in das Aquarium.

Lege das Aquarium in deine Sammelmappe.

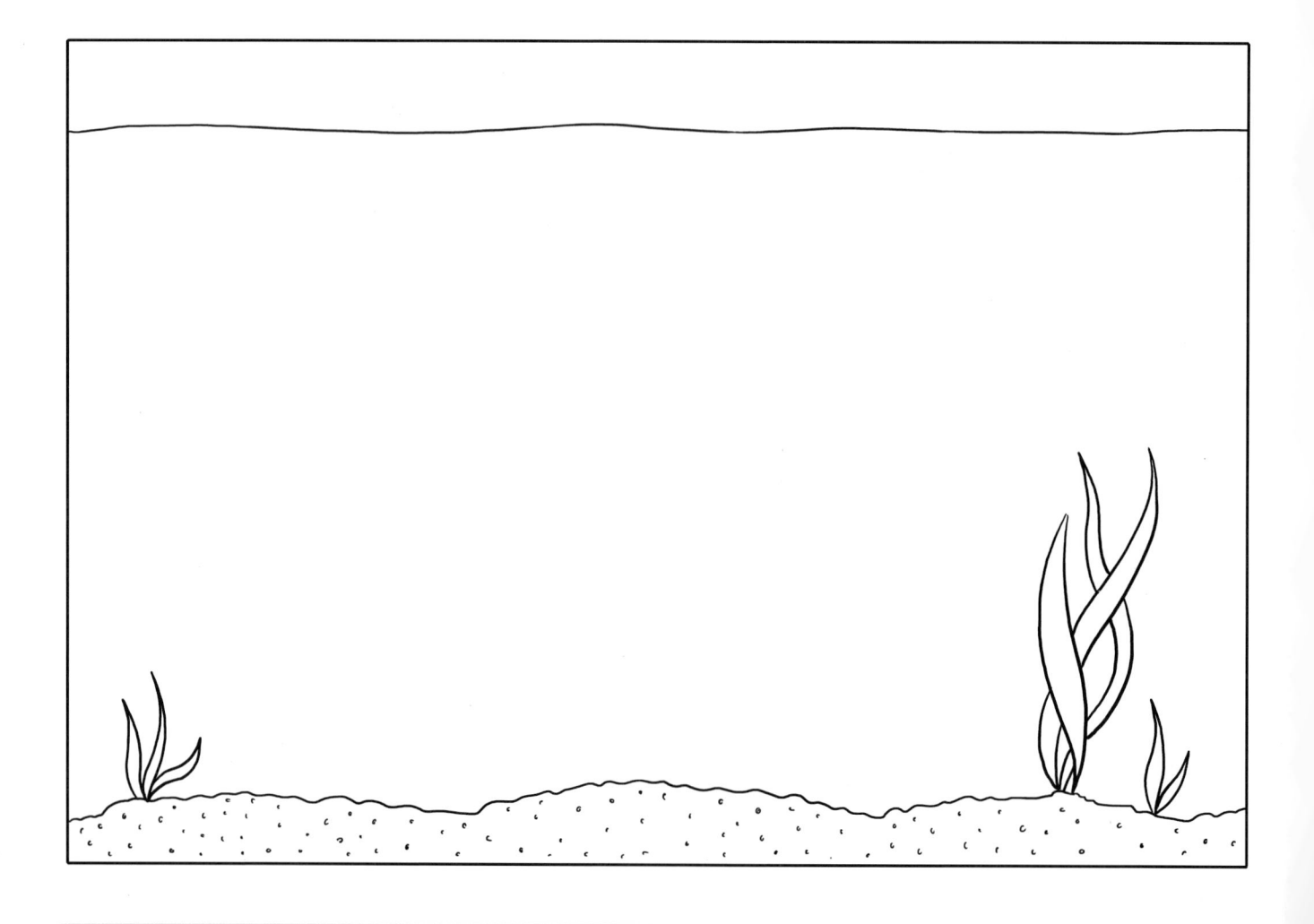

Training 5: Farben mischen

So geht es:

① Tauche die Haare deines Pinsels in das Wasser.

② Streiche ein wenig Wasser am Becherrand ab.

③ Rühre mit deinem Pinsel die gelbe Farbe an, bis sie schäumt.
(**Tipp**: Zähle! Kreise mindestens zehnmal in der gelben Farbe!)

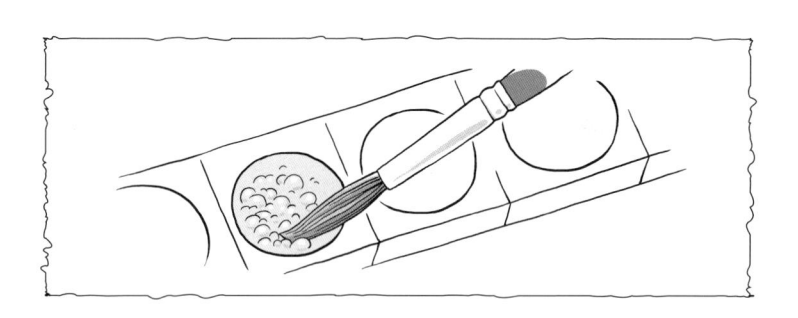

④ Gib die gelbe Farbe in den Farbkastendeckel und trage sie hier auf:

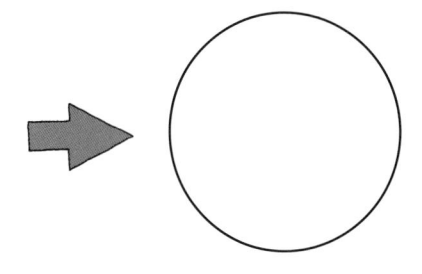

⑤ Wasche deinen Pinsel im Wasserbecher aus.

⑥ Mache das Gleiche mit **blau**. Beachte alle Schritte!

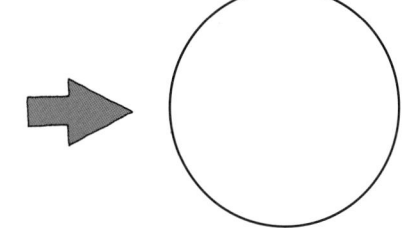

⑦ Vermische beide Farben gründlich im Farbkastendeckel miteinander. Welche Farbe hast du gemischt? Trage sie hier auf.

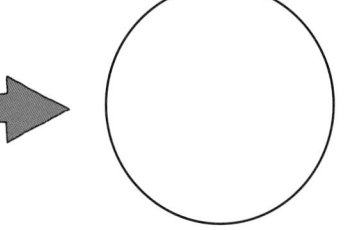

Training 6: Die Mathematik der Farben (DIN A3)

Diese Aufgabe kannst du nun lösen:

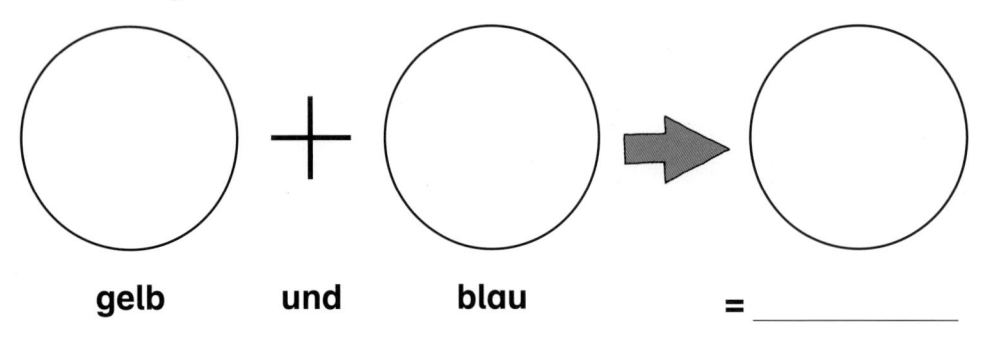

◯ + ◯ ➔ ◯

gelb und **blau** = _____

① Male die Kreise mit Wasserfarben an.
Beachte alle **So-geht-es-Tipps**!

② Schreibe auf, welche Farbe beim Mischen entstanden ist.

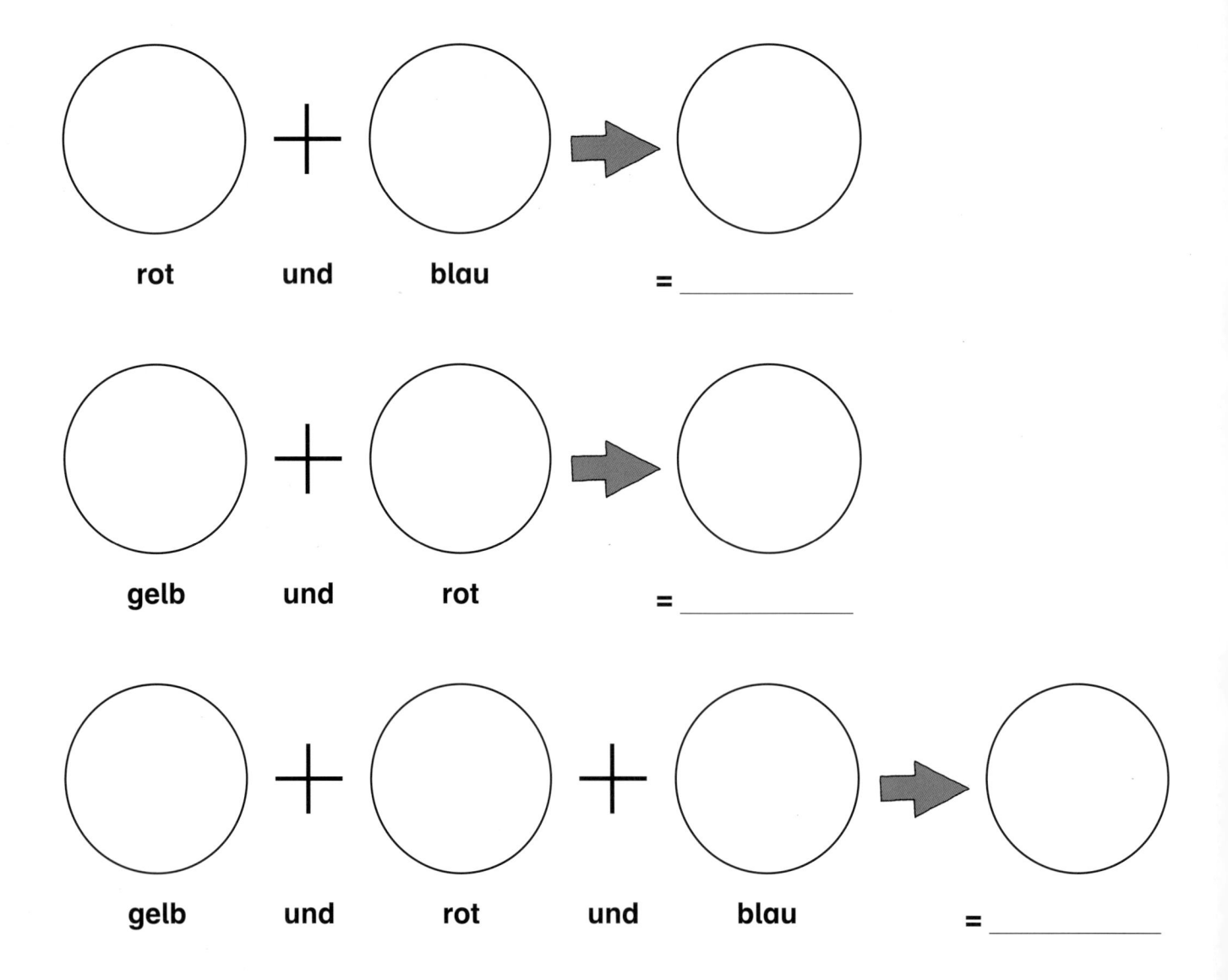

◯ + ◯ ➔ ◯

rot und **blau** = _____

◯ + ◯ ➔ ◯

gelb und **rot** = _____

◯ + ◯ + ◯ ➔ ◯

gelb und **rot** und **blau** = _____

Training 7: Farbkreise (DIN A3)

① Mische verschiedene Töne einer Farbe.
   Beachte alle **So-geht-es-Tipps**!

Beispiel:

viel gelb + wenig blau → **hellgrün**
wenig gelb + viel blau → **dunkelgrün**

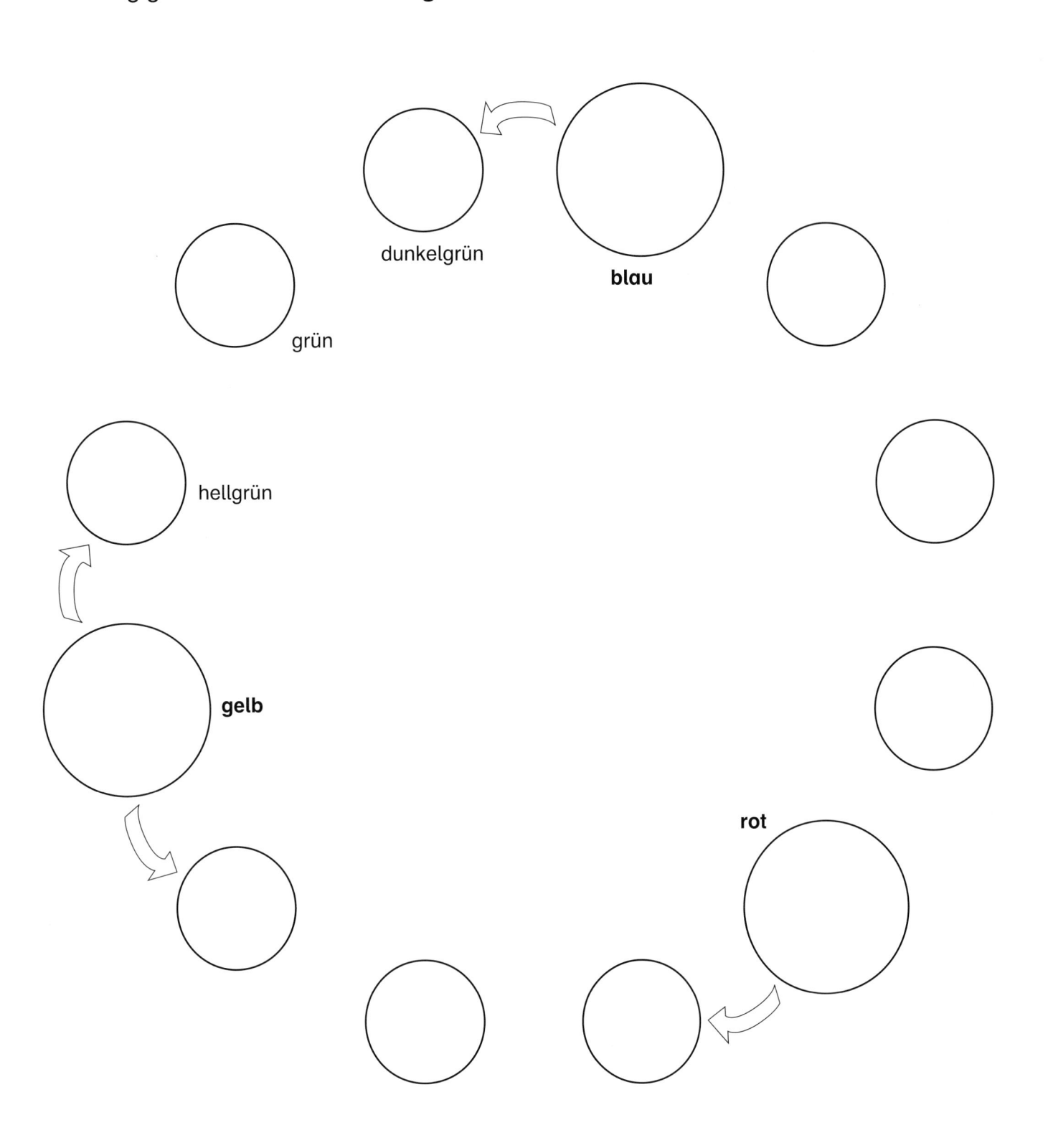

dunkelgrün

blau

grün

hellgrün

gelb

rot

Training 8: Grüntöne mischen (DIN A3)

In der Natur kommen besonders viele verschiedene Grüntöne vor:

Wiesen und Felder, die Blätter der Bäume und Sträucher, Gräser und vieles mehr.

Wenn du genau hinschaust, kannst du selbst bei einer einzigen Pflanze verschiedene Grüntöne entdecken.

① Male mit deinen Wasserfarben an.
   Mische verschiedene Grüntöne.
   Gib jedem Baum einen anderen Grünton!

Schneide das Bild entlang der Linie ab und lege es in deine Sammelmappe.

Training 9: Waldlandschaft mit Grüntönen malen (DIN A3)

① Male deine eigene Waldlandschaft mit Wasserfarben in den Bilderrahmen. Verwende viele verschiedene Grüntöne!

② Male auch einen Hintergrund. Welche Farben eignen sich dafür?

Lass das Bild trocknen. Schneide es dann aus und lege es in deine Sammelmappe.

Training 10: Gelb, Gelb, Gelb (Gelbtöne mischen)

① Mische verschiedene Gelbtöne, indem du in deinem Farbkastendeckel viel Gelb mit wenig Rot, Orange oder Hellgrün mischst.

Meine Gelbtöne:

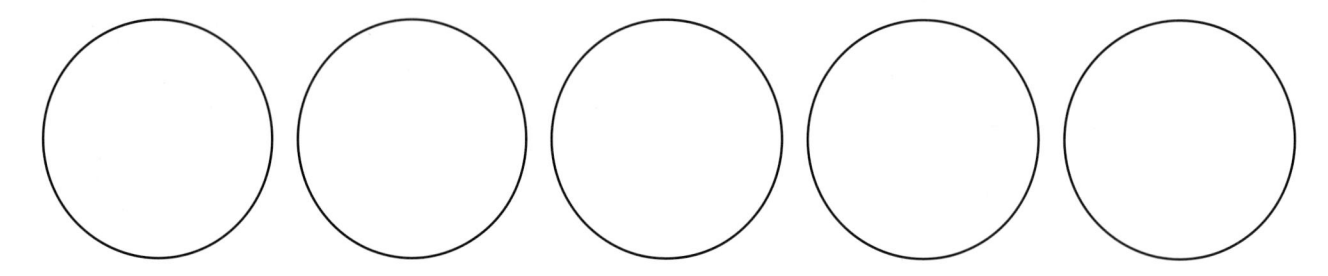

◯ ◯ ◯ ◯ ◯

Mische ...

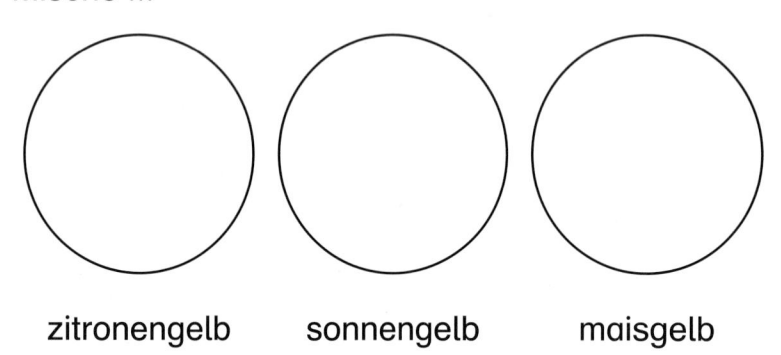

◯ ◯ ◯

zitronengelb   sonnengelb   maisgelb

② Male die Gegenstände in den verschiedenen Gelbtönen an.

Training 11: Mit Deckweiß mischen

Es gibt **kräftige** und **blasse** Farbtöne.
Blasse Töne nennt man auch **Pastelltöne**.
Du erhältst sie, indem du die Farben aus deinem Farbkasten mit **Deckweiß** mischst.

So geht es:

① Tauche die Haare deines Pinsels in das Wasser.

② Streiche ein wenig Wasser am Becherrand ab.

③ Rühre mit deinem Pinsel die gelbe Farbe an, bis sie schäumt.
(**Tipp**: Zähle! Kreise mindestens zehnmal in der gelben Farbe!)

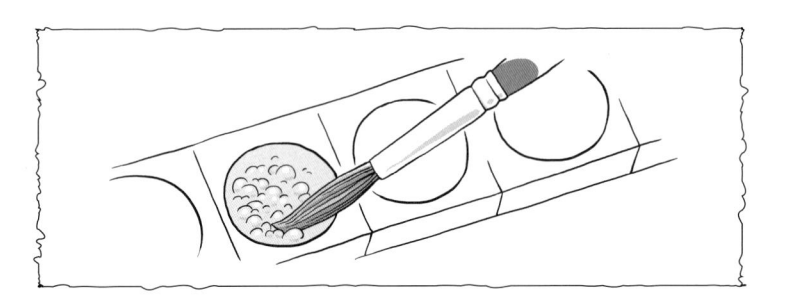

④ Gib die **gelbe** Farbe mit dem Pinsel in den Deckel deines Farbkastens.
Trage das **kräftige Gelb** hier auf.

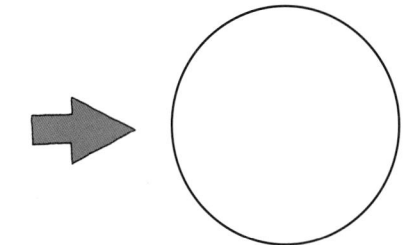

⑤ Gib einen Tropfen Deckweiß aus deiner Tube in den Deckel und vermische ihn mit der gelben Farbe. Trage das **Pastellgelb** hier auf.

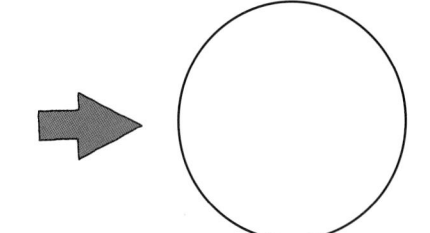

Training 12: Pastelltöne mischen

① Mische weitere blasse Töne (Pastelltöne) mit Deckweiß.

Farbe aus dem Farbkasten:	Farbe mit Deckweiß gemischt:
kräftiges Blau	blasses Blau (Hellblau)
kräftiges Rot	blasses Rot (Rosa)
kräftiges Grün	blasses Grün (Hellgrün)
kräftiges Braun	blasses Braun
kräftiges Violett	blasses Violett

② Welcher Farbton entsteht, wenn du dein Schwarz mit Deckweiß mischst?

Schwarz

_____

Training 13: Blasse und kräftige Blüten malen (DIN A3)

① Male mit Wasserfarben viele Blüten in verschiedenen kräftigen und blassen Farbtönen.

② Male verschiedene Grüntöne als Hintergrund in den Rahmen, bis die ganze Innenfläche grün ist.

③ Lege den grünen Hintergrund zum Trocknen und räume deinen Arbeitsplatz auf.

④ Schneide die Blüten sorgfältig aus und klebe sie auf den grünen Hintergrund.

⑤ Gestalte den Blütenrahmen mit deinen Buntstiften.

Schneide das Bild entlang der Außenlinie des Rahmens aus und lege es in deine Sammelmappe.

Blütenrahmen (DIN A3)

Training 14: Warme und kalte Farben (DIN A3)

Man unterscheidet **warme** und **kalte** Farben.

Warme Farben erinnern uns an die Sonne und ihre Wärme.
Dazu gehören gelb, orange und rot.

Kalte Farben erinnern uns an Schnee und Eis.
Zu den kalten Farben gehören deshalb blau und grau.

① Male diese beiden Schlösser an:

In diesem Schloss wohnen nur **warme** Farben:

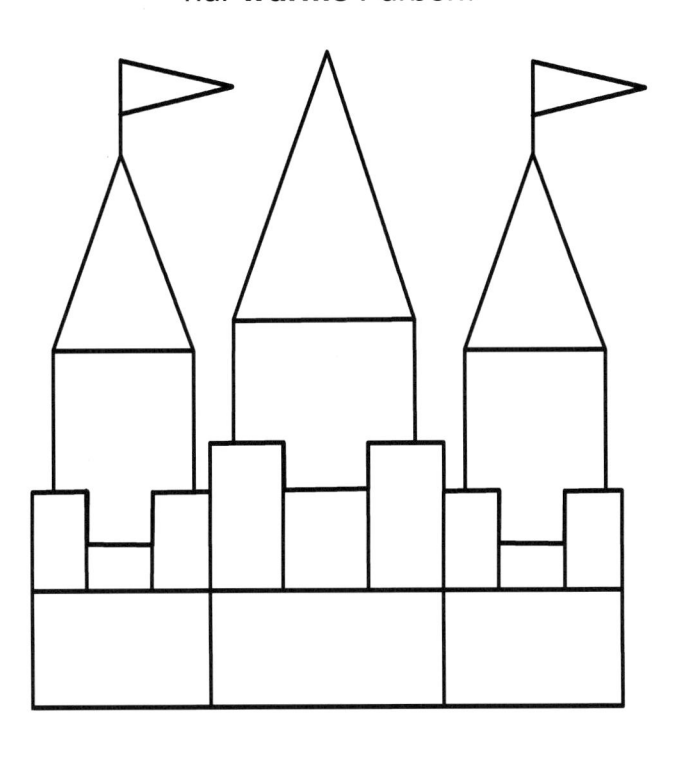

In diesem Schloss wohnen nur **kalte** Farben:

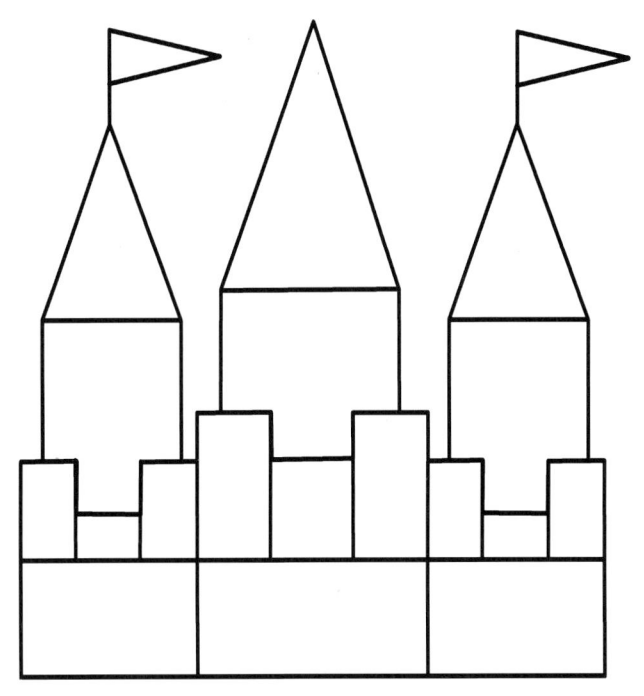

② Gib den Schlössern Namen.

Das Schloss mit den warmen Farben heißt _____.

Das Schloss mit den kalten Farben heißt _____.

③ Wer könnte in dem Schloss wohnen?

In dem warmen Schloss _____.

In dem kalten Schloss _____.

Training 14: Warme und kalte Farben (DIN A3)

① Male ein eigenes Schloss in den Rahmen.
   Male auch einen Hintergrund.
   Verwende entweder **nur warme oder nur kalte Farben**.

Lass das Bild trocknen. Schneide es dann aus und lege
es in deine Sammelmappe.

Training 15: Farbfamilien (DIN A3)

Farben, die sich ähnlich sehen, sind miteinander verwandt.
Man nennt sie auch **Farbfamilien**.

Beispiele:
hellrot, dunkelrot, rosa, … bilden eine Farbfamilie
hellblau, dunkelblau, blaugrün, türkis, … bilden eine andere Farbfamilie

① Male die Farbfamilie **Rot** mit Wasserfarben an.
Jeder soll einen anderen Rotton erhalten.

② Male die Farbfamilie **Blau** mit Wasserfarben an.
Jeder soll einen anderen Blauton erhalten.

③ Male deine eigene Farbfamilie. Welche Farbe soll sie haben?

Familie _____

Training 16: Körperfarben mit Wasserfarben mischen

Welche Farben hat dein Körper?

① Mische mit deinen Wasserfarben möglichst genau deine Körperfarben!

Hautfarbe	Haarfarbe	Augenfarbe
Farbe deiner Lippen	Farbe deiner Augenbrauen	Farbe deiner Wimpern

Farben deiner Kleidung:

Training 17: Selbstporträt mit Wasserfarben malen

Male ein Bild von deinem Gesicht. (Selbstporträt)

① Male den Kopf mit Hautfarbe aus.

② Male mit Hautfarbe Ohren, Hals und Nase.

③ Wenn die Hautfarbe trocken ist, male Haare, Augen, Augenbrauen, Mund und Schultern.
Tipp: Schau genau! (Frisur, besondere Merkmale ...)

④ Gestalte den Hintergrund!

Schneide dein Selbstporträt aus und lege es in deine Sammelmappe.

Silber-Prüfung

Künstler-Interview

Im Silber-Training hast du verschiedene Kunst-Techniken gelernt und Kunst-Themen bearbeitet.

Mit diesem Fragebogen kannst du zeigen, wie gut du dich nun schon auskennst!

① Fülle den Fragebogen zuerst allein aus. Kontrolliere mit dem Lösungsblatt.

② Suche dir anschließend einen Partner für das Künstler-Interview. Stellt euch gegenseitig Künstlerfragen.

Silber-Prüfung

Fragebogen für das
Künstler-Interview

① Wie nennt man Farben, die miteinander verwandt sind?
_____

② Wie heißt ein Bild, das man von sich selbst malt?
_____

③ Wie nennt man zarte, blasse Farbtöne auch?
_____

④ Welche Körperfarben kennst du?
_____

⑤ Welche Farben erhältst du beim Mischen von:

rot + gelb = _____   rot + weiß = _____

rot + blau = _____   gelb + blau = _____

⑥ Zeichne neben alle warmen Farben eine kleine, rote Sonne.

    rot   grau   gelb   schwarz

    weiß   orange   türkis   blau

⑦ Welche dieser Farbtöne gehören zur Farbfamilie Blau?
Male sie mit einem hellblauen Stift an.

rosa	dunkelblau	blaugrün	orange
türkis	gelb	hellblau	rot

Training 1: Farbwirkung mit Buntstiften

① Male diese Landschaft mit deinen Buntstiften aus. Verwende ...

... nur helle Farbtöne. 　　　　　　　　　... nur dunkle Farbtöne.

Vergleiche die Bilder miteinander.

_____

_____

Tipp: Diese Wörter können dir beim Beschreiben helfen:
hell, dunkel, Tag, Nacht, freundlich, unfreundlich, fröhlich, bedrohlich, unheimlich ...

... nur warme Farbtöne. 　　　　　　　　　... nur kalte Farbtöne.

Vergleiche die Bilder miteinander.

_____

_____

Tipp: Diese Wörter können dir beim Beschreiben helfen:
warm, kalt, heiß, kühl, Sommer, Winter, angenehm, unangenehm, Kälte, Hitze ...

Training 2: Farbwirkung mit Wachsmalkreiden

① Male eigene Landschaften mit deinen Wachsmalkreiden.
Überlege vorher gut, welche Farbtöne sich am besten eignen für eine ...

Sommerlandschaft

Winterlandschaft

Schneide die Bilder an der gestrichelten Linie ab und lege sie in deine Sammelmappe.

Training 3: Entfremdung mit Buntstiften

① Male diese Gegenstände und Lebewesen in ihrer **wirklichen/ natürlichen** Farbe mit Buntstiften an.
(z. B. grauer Elefant, rote Paprika)

② Male die Gegenstände und Lebewesen nun in einer **unnatürlichen** Farbe mit Buntstiften an.
(z. B. rosa Elefant, blaue Paprika)

③ Beschreibe die Wirkung.

_____

_____

_____

Tipp: Diese Wörter können dir beim Beschreiben helfen:
natürlich, unnatürlich, gewohnt, ungewohnt, vertraut, fremd, seltsam, eigenartig, fantasievoll ...

Training 4: Entfremdung mit Wasserfarben (DIN A3)

① Male mit Wasserfarben ein Bild in den Rahmen, in dem alle Gegenstände eine **unnatürliche** Farbe haben. (z. B. blaue Bäume, rote Wolken …)

Achte darauf, dass du das gesamte Bild mit Farben füllst.

② Lass dein Bild trocknen und schneide es dann entlang der Rahmenlinie aus.

③ Gib deinem Bild einen **passenden Namen**.
(Beispiele: „Bunte Fantasielandschaft", „Rote Wolken am gelben Himmel")
Schreibe den Namen mit dem Bleistift auf die Rückseite!

Lege dann das Bild in deine Sammelmappe.

Training 5: Einführung Collage (DIN A3)

① Forsche in Katalogen und Zeitschriften nach der Farbe Grün!

② Schneide oder reiße die grünen Stellen vorsichtig heraus.

③ Klebe die Schnipsel dicht aneinander in den Blattumriss hinein. Das Blatt soll komplett grün ausgefüllt sein!

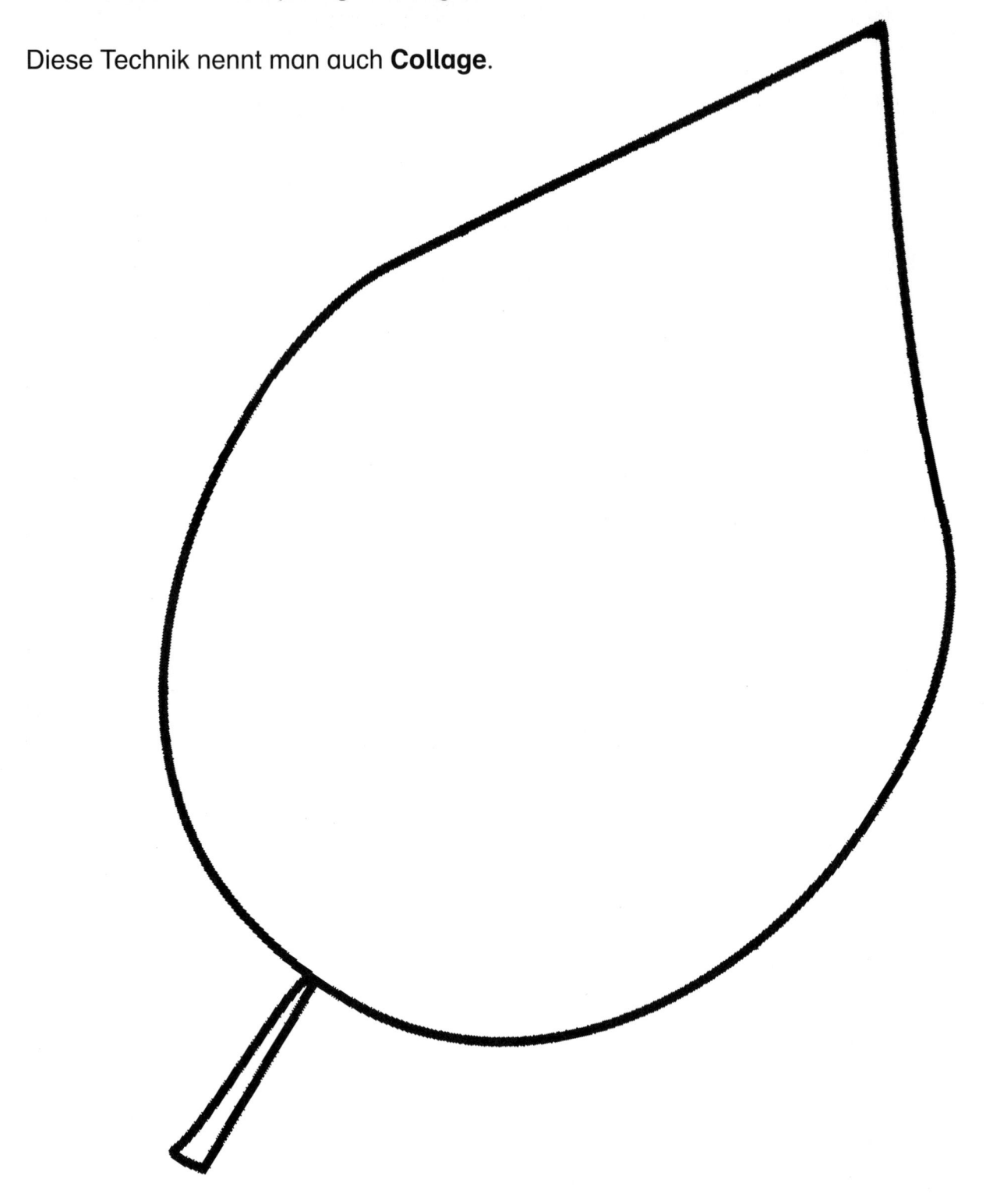

Diese Technik nennt man auch **Collage**.

Schneide das Blatt sorgfältig aus und lege es in deine Sammelmappe.

Training 6: Collage zur Lieblingsfarbe (DIN A3)

Was ist deine Lieblingsfarbe?
Entscheide dich für **eine** Farbe.

① Meine Lieblingsfarbe ist _____.

② Male den Rahmen vollständig mit Wasserfarben in deiner Lieblingsfarbe aus.
Verwende dabei verschiedene Farbtöne deiner Lieblingsfarbe.

③ Lass dein Bild (Hintergrund) trocknen.
Forsche nach deiner Lieblingsfarbe in Katalogen und Zeitschriften.
Schneide oder reiße die Stellen (Lieblingsfarbe) vorsichtig heraus!

④ Überlege dir eine Form oder einen Gegenstand. (Beispiele: Herz, Baum ...)
Lege die Schnipsel zu dieser Form in deinen Hintergrund und klebe sie sorgfältig auf.
(wie in Training 5!)

Schneide den Rahmen aus und lege ihn in deine Sammelmappe.

Training 7: Frottage – Oberflächenstrukturen erforschen

① Streiche mit der Handfläche über deinen Tisch. Er fühlt sich glatt an. Suche nach glatten Gegenständen und schreibe sie auf.

② Forsche nun nach Gegenständen, die nicht glatt sind. Sie haben eine **Struktur** (Beispiele: Geldstück, Blatt, Schuhsohle). Schreibe sie auf.

Man kann den Gegenstand unter das Papier legen und die Struktur mit einem Buntstift auf dem Papier durchreiben.

Tipp: Halte den Buntstift dabei leicht schräg!

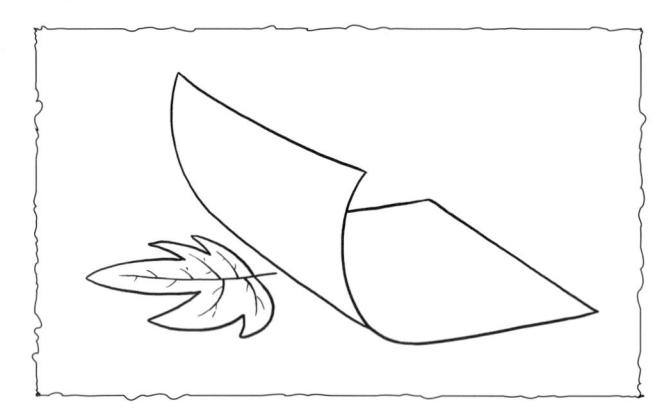

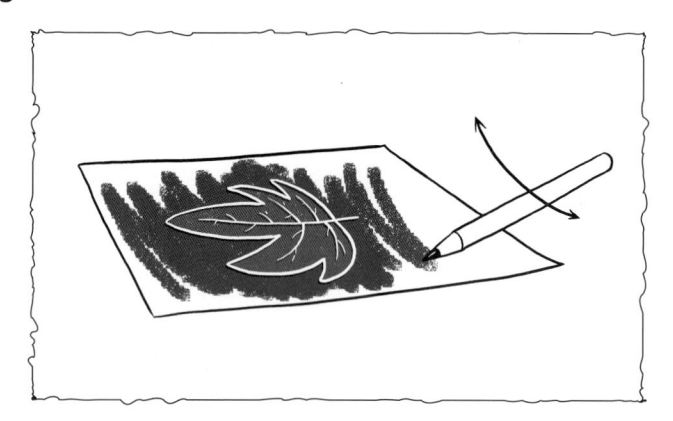

> Dieses Verfahren nennt man auch **Frottage**. Das Wort kommt aus dem Französischen. *frotter* bedeutet *reiben*.

③ Probiere es aus!

Blatt	Geldstück	Schuhsohle

Training 7: Frottage – Oberflächenstrukturen erforschen

④ Finde weitere Gegenstände mit **Struktur**.

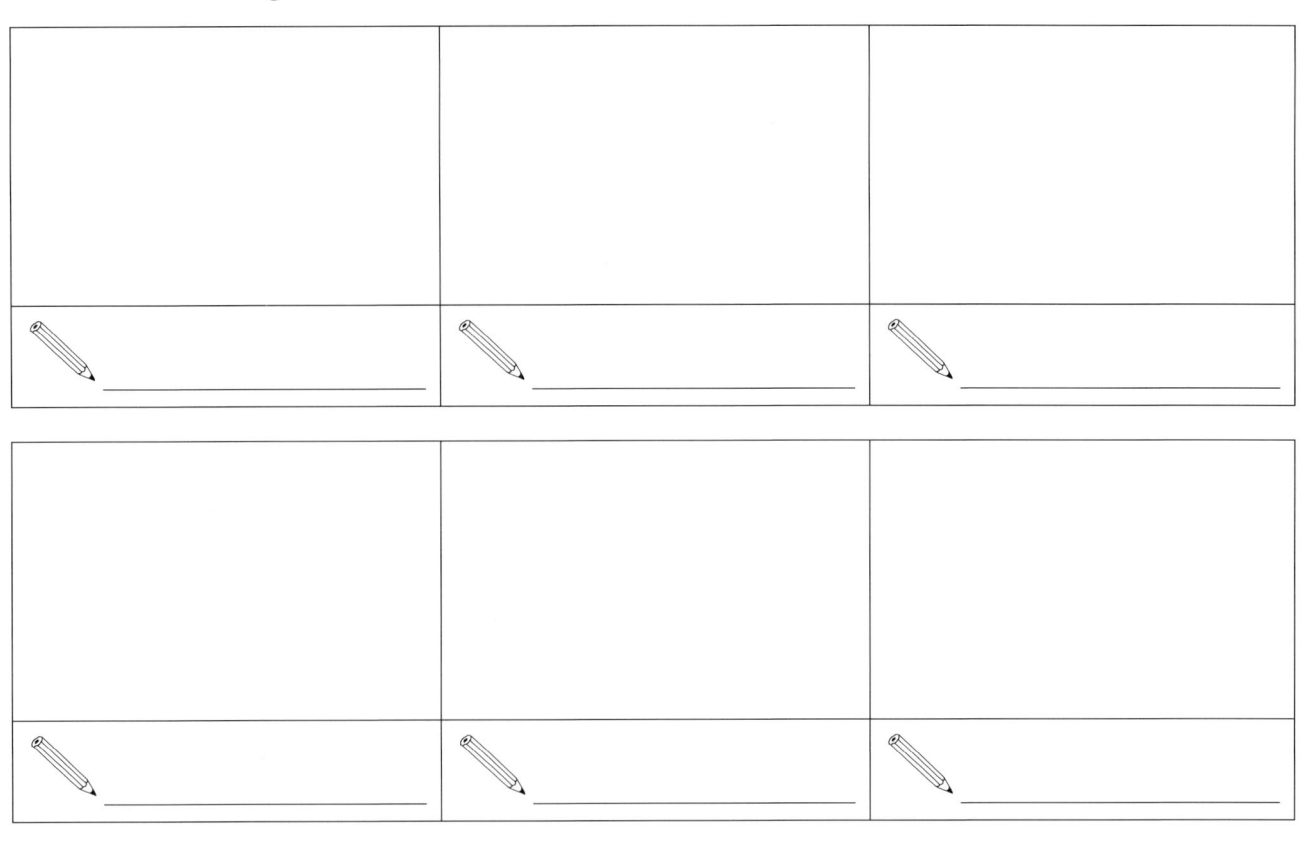

⑤ Probiere es nun mit Wachsmalkreiden!

Training 8: Bilder im Frottage-Verfahren

① Suche passende Strukturen für diese Motive und reibe sie mit Buntstiften durch. Achte darauf, dass das gesamte Motiv ausgefüllt ist.

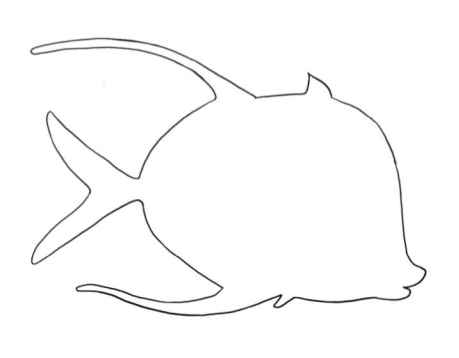

Fisch-Schuppen   Bärenfell   Baumrinde

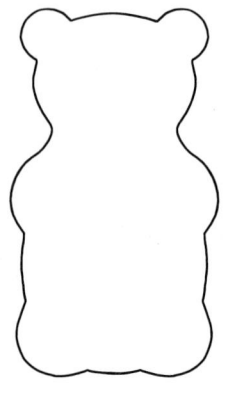

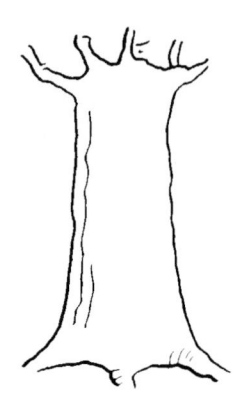

② Überlege dir ein eigenes Motiv (zum Beispiel Tier oder Pflanze). Zeichne nur den Umriss (Außenlinie) in den Rahmen.

③ Fülle das gesamte Motiv mit passenden Strukturen aus.

Schneide das Bild aus und lege es in deine Sammelmappe.

Training 9: Kratztechnik mit Wachsmalkreiden

So geht es:

① Male den Rahmen mit hellen, leuchtenden Wachsmalkreiden gründlich aus.
   Tipp: Das weiße Papier darf dort nicht mehr zu sehen sein!

② Male darüber eine Schicht mit deiner schwarzen Wachsmalkreide.
   Tipp: Es darf dort nur noch schwarz zu sehen sein!

③ Nimm einen Kratzer oder ein Holzstäbchen.
   Kratze ein Muster in das Schwarz hinein.

Bilderrahmen (für Kratztechnik)

Schneide das Bild aus und lege es in deine Sammelmappe.

Gold-Prüfung

Kunstausstellung mit Vernissage

Künstler stellen ihre Kunstwerke in Museen und Galerien aus, damit andere sie anschauen können. Für eine solche **Kunstausstellung** wählen sie ihre besten Werke aus.

Zu Beginn einer Ausstellung gibt es oft eine Eröffnungsfeier, die man auch **Vernissage** nennt.

1. Kunstausstellung

Schaue alle Bilder in deiner Sammelmappe genau an und wähle drei davon aus, die dir am besten gelungen sind.

Gib jedem dieser Bilder einen passenden Namen (Titel) und schreibe ihn auf die Rückseite.

Suche mit deinem Lehrer oder deiner Lehrerin einen Platz im Klassenraum, um sie auszustellen.

2. Vernissage

Bereite dich auf die Präsentation deiner drei Bilder vor.
Nutze dazu den Präsentationsbogen.

Präsentiere die Bilder
- deinem Lehrer/deiner Lehrerin
- einer Kleingruppe
- der Klasse

Gold-Prüfung Präsentationsbogen

1. Bild

Dieses Bild heißt _____.

Ich habe es ausgewählt, weil _____

_____.

Das Thema / Motiv ist _____.

Ich habe es mit _____ gemalt / gezeichnet.

oder

Dabei habe ich die Technik _____ eingesetzt.

2. Bild

Dieses Bild heißt _____.

Ich habe es ausgewählt, weil _____

_____.

Das Thema / Motiv ist _____.

Ich habe es mit _____ gemalt / gezeichnet.

oder

Dabei habe ich die Technik _____ eingesetzt.

3. Bild

Dieses Bild heißt _____.

Ich habe es ausgewählt, weil _____

_____.

Das Thema / Motiv ist _____.

Ich habe es mit _____ gemalt / gezeichnet.

oder

Dabei habe ich die Technik _____ eingesetzt.

Übersicht Bronze-Training

Name	Trainingsblätter												Prü-fung	Bemerkung
	1	2	3	4	5	6	7	8	9	10	11	12		
1.														
2.														
3.														
4.														
5.														
6.														
7.														
8.														
9.														
10.														
11.														
12.														
13.														

Name	Trainingsblätter												Prü-fung	Bemerkung
	1	2	3	4	5	6	7	8	9	10	11	12		
14.														
15.														
16.														
17.														
18.														
19.														
20.														
21.														
22.														
23.														
24.														
25.														
26.														
27.														

Übersicht Silber-Training

Name	Trainingsblätter																	Prü-fung	Bemerkung
	1	2	3	4	5	6	7	8	9	10	11	12	13	14	15	16	17		
1.																			
2.																			
3.																			
4.																			
5.																			
6.																			
7.																			
8.																			
9.																			
10.																			
11.																			
12.																			
13.																			

Name	Trainingsblätter																	Prüfung	Bemerkung
	1	2	3	4	5	6	7	8	9	10	11	12	13	14	15	16	17		
14.																			
15.																			
16.																			
17.																			
18.																			
19.																			
20.																			
21.																			
22.																			
23.																			
24.																			
25.																			
26.																			
27.																			

Übersicht Gold-Training

Name	Trainingsblätter									Prü-fung	Bemerkung
	1	2	3	4	5	6	7	8	9		
1.											
2.											
3.											
4.											
5.											
6.											
7.											
8.											
9.											
10.											
11.											
12.											
13.											

Nadine Neumann: Der Mal- und Farbenführerschein
© Persen Verlag

Name	Trainingsblätter									Prü-fung	Bemerkung
	1	2	3	4	5	6	7	8	9		
14.											
15.											
16.											
17.											
18.											
19.											
20.											
21.											
22.											
23.											
24.											
25.											
26.											
27.											

Silber-Prüfung (Lösungsblatt)

Fragebogen für das
Künstler-Interview

① Wie nennt man Farben, die miteinander verwandt sind?

   Farbfamilie

② Wie heißt ein Bild, das man von sich selbst malt?

   Selbstporträt

③ Wie nennt man zarte, blasse Farbtöne auch?

   Pastelltöne

④ Welche Körperfarben kennst du?

   Hautfarbe, Augenfarbe, Haarfarbe ...

⑤ Welche Farben erhältst du beim Mischen von:

   rot + gelb = _orange_   rot + weiß = _rosa/hellrot_

   rot + blau = _lila/violett_   gelb + blau = _grün_

⑥ Zeichne neben alle warmen Farben eine kleine, rote Sonne.

   rot ☀   grau   gelb ☀   schwarz

   weiß   orange ☀   türkis   blau

⑦ Welche dieser Farbtöne gehören zur Farbfamilie Blau?
   Male sie mit einem hellblauen Stift an.

   rosa | **dunkelblau** | **blaugrün** | orange

   türkis | gelb | **hellblau** | rot

Kreise zum Üben des Farbauftrags

Schritt für Schritt zum Profi!

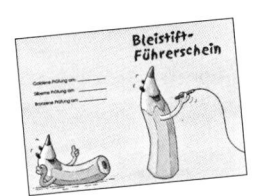

Bernd Wehren
Der Bleistift-Führerschein
Übungsmaterial zum Erwerb grundlegender Voraussetzungen für den Schreibunterricht

Nicht alle Kinder verfügen beim Schulstart über eine ausreichende Feinmotorik und sichere Schreib-Vorerfahrungen. Die gleiche Ausgangsbasis für alle Schüler zu schaffen ist jedoch eine notwendige Voraussetzung für deren Lernerfolg. Die Übungspalette reicht von der Entwicklung der Fingergeschicklichkeit und Koordination bis zum Nachspuren von Buchstaben und Zahlen. Motivieren Sie die Kinder durch die Möglichkeit, einen Bleistift-Führerschein zu bekommen, zu dessen Erwerb sie eine Prüfung ablegen!
Mit diesem Material bringen Sie alle Kinder auf einen Stand!

Der Bleistift-Führerschein
Heft, 45 Seiten, DIN A4, inkl. Klassensatz von 32 vierfarbigen Führerscheinen
Vorschule, 1. Klasse
Best.-Nr. 3520

Klassensatz Führerscheine
(zum Nachbestellen)
32 vierfarbige Führerscheine, doppelseitig bedruckt,
DIN A6
Best.-Nr. 3521

Elke Mauritius
Der Lese-Führerschein
Arbeitsblätter zur Steigerung der Lesemotivation

Jetzt werden Ihre Schüler zu kleinen Leseratten! Beim Training auf der Wort-, Satz- und Textebene gilt es, Aufgaben in ansteigendem Schwierigkeitsgrad zu meistern. Nach erfolgreich bestandener Prüfung winkt der Lese-Führerschein in Bronze, Silber und Gold. Damit auch jedes Kind die Prüfungshürden nimmt, gibt es Material für Generalproben, sich wiederholende Übungsformen und Wortmaterial. Die witzig illustrierten Arbeitsblätter können in der Freiarbeit, im Klassenverband oder als Hausaufgabe bearbeitet werden. Lösungsseiten ermöglichen eine schnelle Korrektur oder Selbstkontrolle. Das Plus für Sie als Lehrkraft: Auswertungsbögen dokumentieren den Lesestand jeden Kindes.
Vergeben Sie die Lizenz zum Lesen!

Der Lese-Führerschein
Buch, 72 Seiten, DIN A4, inkl. Klassensatz von 32 vierfarbigen Führerscheinen
1. und 2. Klasse
Best.-Nr. 3381

Klassensatz Führerscheine
(zum Nachbestellen)
32 vierfarbige Führerscheine, doppelseitig bedruckt,
1. und 2. Klasse
Best.-Nr. 3382

Nadine Evers, Bernd Wehren
Der Schulranzen-Führerschein
Arbeitsblätter zur Ordnung im Schulranzen

Überquellende Ranzen, zerknitterte oder vergessene Hefte – mit diesen Materialien helfen Sie Ihren Schülern, die Tasche systematisch zu packen. Neben Arbeitsblättern für die Kinder finden Sie Kopiervorlagen für die Eltern mit wichtigen Infos zu Ordnungssystem und Ranzenwahl. Der Erwerb des Schulranzen-Führerscheins motiviert die Kinder, ihre Taschen über einen längeren Zeitraum auf Ordnung überprüfen zu lassen. Farbige Klassensätze können Sie jederzeit nachbestellen!
Ordnung im Ranzen – so packt's jedes Kind!

Der Schulranzen-Führerschein
Heft, 23 Seiten, DIN A4, inkl. Klassensatz von 32 vierfarbigen Führerscheinen
1. und 2. Klasse
Best.-Nr. 3760

Klassensatz Führerscheine
(zum Nachbestellen)
32 vierfarbige Führerscheine, doppelseitig bedruckt,
1. und 2. Klasse
Best.-Nr. 3762

Bernd Wehren
Der Uhren-Führerschein
Fächerübergreifende Kopiervorlagen für die 1. bis 3. Klasse

Ob Minuten- oder Stundenzeiger, Sprechweisen verschiedener Uhrzeiten oder Uhren-Domino: Mit diesen motivierenden Arbeitsblättern begeistern Sie Ihre Schüler für das Thema „Uhr und Uhrzeit". Die abwechslungsreichen Materialien sind kleinschrittig aufgebaut und steigen im Schwierigkeitsgrad an. Die Prüfungen in drei Schwierigkeitsstufen zeigen Ihnen, wie fit Ihre Schüler im Umgang mit der Uhr geworden sind. Und das Beste: Die Kinder sind hochmotiviert, denn sie können am Ende stolz ihren Führerschein vorzeigen! Ein Klassensatz farbiger Führerscheine liegt dem Buch bei. Weitere Klassensätze können separat nachbestellt werden.
Die Lizenz zum Uhrzeiten-Lesen!

Der Uhren-Führerschein
Heft, 48 Seiten, DIN A4, inkl. Klassensatz von 32 vierfarbigen Führerscheinen
1. bis 3. Klasse
Best.-Nr. 3056

Klassensatz Führerscheine
(zum Nachbestellen)
32 vierfarbige Führerscheine, doppelseitig bedruckt,
DIN A6
Best.-Nr. 3057

Unser Bestellservice:

Das komplette Verlagsprogramm finden Sie in unserem Online-Shop unter

www.persen.de

Bei Fragen hilft Ihnen unser Kundenservice gerne weiter.

Deutschland: 040/32 50 83-040 · Schweiz: 052/366 53 54 · Österreich: 0 72 30/2 00 11

Kreativ werden: An die Pinsel, fertig, los!

Julia Feldgen, Bärbel Klein
Kinder entdecken Kunstwerke
Tiere

Ausdrucksstarke Tiermotive sind wie gemacht, um sich in der Grundschule auf vielfältige Weise mit den Werken bekannter und weniger bekannter Künstler auseinanderzusetzen. Dürers Rindermaul, der berühmte Elefant von Ernst oder Eschers Vögel bieten viele Einstiegsmöglichkeiten in einen facettenreichen Kunstunterricht. Der Band liefert zusätzlich detaillierte Unterrichtseinheiten sowie Differenzierungsangebote und stellt Verbindungen zu anderen Fächern her – alles unterrichtspraktisch und originell aufbereitet. Kriterien zur Leistungsbeurteilung und Schülerbeispiele erleichtern Ihnen die Bewertung der Schülerarbeiten zum Thema „Tiere". Das Material ist auch für den jahrgangsübergreifenden Unterricht geeignet.
Aus dem Inhalt: Franz Marc: Die gelbe Kuh, Salvador Dali: Elefantengiraffe, August Macke: Landschaft mit Kühen und Kamel
Ein Thema, mehrere Künstler, ganz viele kreative Ideen zum Gestalten!

Buch, 82 Seiten, DIN A4
1. bis 4. Klasse
Best.-Nr. 3279

Joachim Kühn
Pfiffige Kurzaufgaben für den Kunstunterricht
70 einfache Geschichten zum Lesen und Malen

Als Lehrer kennen Sie sicher die Situation im Kunstunterricht: Manche Kinder legen ein enormes Arbeitstempo an den Tag, andere benötigen viel Zeit. Was tun? Mit den pfiffigen und humorvollen Zusatzaufgaben zum Lesen und Malen können Sie jetzt schneller arbeitende Schüler/-innen sinnvoll beschäftigen. Dabei liegt jede Aufgabe in zwei Varianten vor: zum einen mit dem Schwerpunkt der zeichnerischen Darstellung einer Situation und zum anderen als Lesetext, aus dem die Kinder sich erschließen müssen, was und wie gemalt werden soll. Der tolle Neben-Effekt: die Lesefähigkeit wird gefördert.
Verbinden Sie die Freude am künstlerischen Gestalten mit der Kunst des sinnerfassenden Lesens!

Buch, 76 Seiten, DIN A4
1. bis 4. Klasse
Best.-Nr. 3469

Lori VanKirk Schue
Kinder gestalten Kunst
68 kreative Angebote für die Klassen 1-6

Die Gestaltungsangebote vermitteln den gekonnten Umgang mit vielfältigen Techniken (Malen, Weben, Drucken) und Materialien (Ton, Krempel, Naturmaterialien). Zu jeder Idee gibt es für die Lehrkraft eine Übersichtsseite mit Fachbegriffen, benötigten Materialien und dem Unterrichtsablauf sowie weiterführenden Anregungen. Auf einer zweiten Seite werden die einzelnen Arbeitsschritte genau beschrieben und zusätzlich durch Skizzen veranschaulicht. Die Unterrichtsideen sind damit auch für fachfremde Lehrkräfte einfach umzusetzen.

Aus dem Inhalt: Gewebte Landschaft aus Papier, Falsche Fossilien/Versteinerungen, Bilderrahmen aus Ton, Drucken mit Plätzchenformen, Japanische Puppen, Handgeschöpftes Papier.
Der Ideenfundus für spannenden Kunstunterricht!

Buch, 164 Seiten, farbig, DIN A4
Ab 1. Schuljahr
Best.-Nr. 3794

Karl-Heinz Putzka
Zeichnen und Malen in der Primarstufe
Vielfältiges erprobtes Material

Die Arbeitsblätter mit ihren grafischen Vorgaben lassen sich ohne Vorbereitung direkt im Kunstunterricht einsetzen. Die Schülerinnen und Schüler entnehmen den kurzen Aufgabenstellungen und Materialangaben, was sie jeweils auf dem Blatt ergänzen sollen und welche Stifte oder Farben sich dabei anbieten. Geübt werden hier das gegenständliche Zeichnen, der Umgang mit Farben, das Anlegen von Mustern und Strukturen, das spiegelbildliche Zeichnen u. v. m. Für alle Kunstlehrer – aber auch für fachfremd unterrichtende Lehrerinnen und Lehrer – eine wertvolle Hilfe!
Pfiffige Ideen für Ihren Kunstunterricht!

Mappe mit Kopiervorlagen, 50 Seiten, DIN A4
Ab 1. Schuljahr
Best.-Nr. 2085

Unser Bestellservice:

Das komplette Verlagsprogramm finden Sie in unserem Online-Shop unter

www.persen.de

Bei Fragen hilft Ihnen unser Kundenservice gerne weiter.

Deutschland: ✆ 040/32 50 83-040 · Schweiz: ✆ 052/366 53 54 · Österreich: ✆ 0 72 30/2 00 11